3 bis 6 Jahre

U. Krause & P. Völker-Meier

Hochbegabte Kinder

im Kindergarten

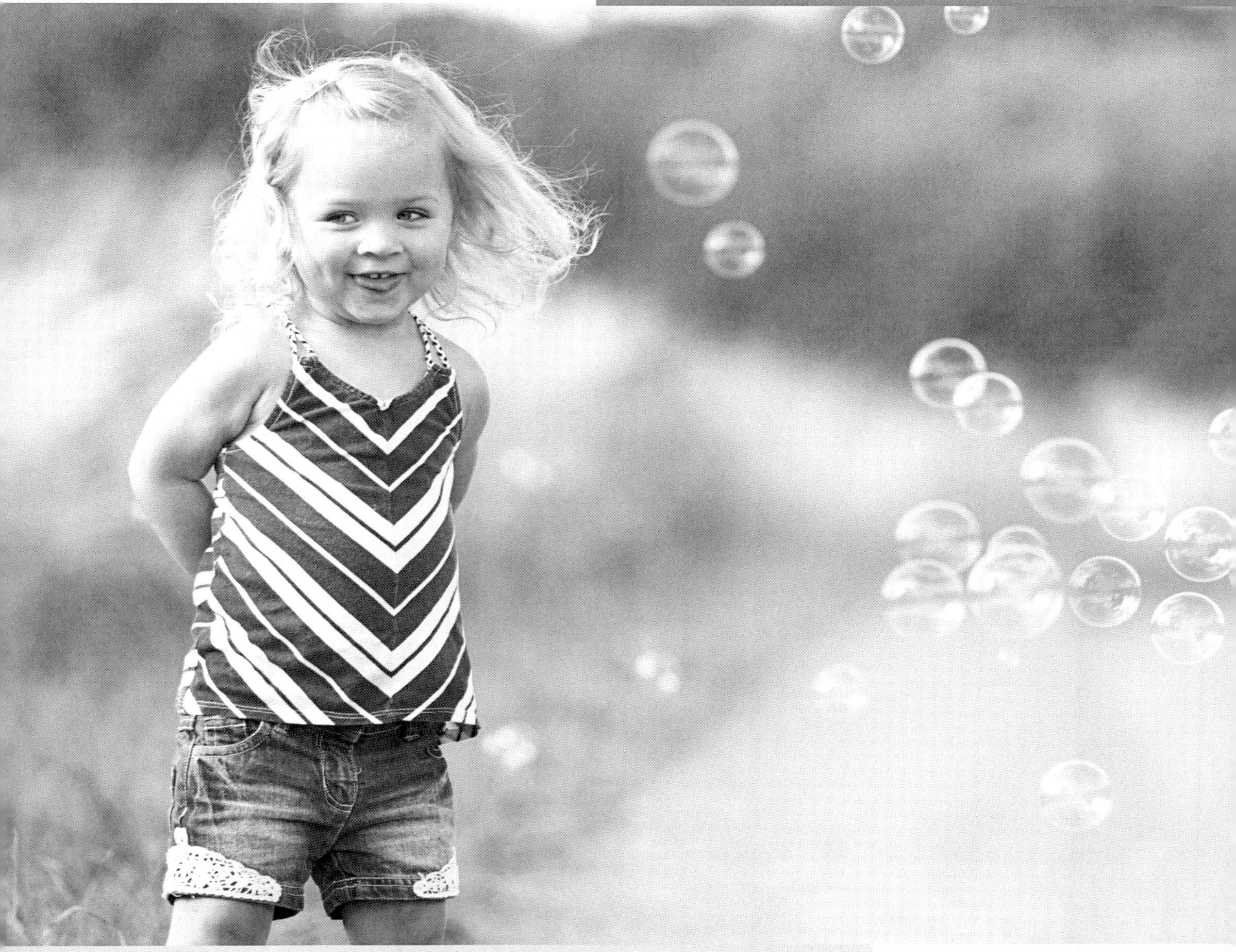

- Wie erkennt man hochbegabte Kinder?
- Wie kann man sie gezielt fördern?
- Mit konkreten Anregungen zur didaktischen Umsetzung

Hochbegabte Kinder im Kindergarten

... erkennen und fördern

11. Auflage 2025

Inhalt: Ulrike Krause & Petra Völker-Meier
Coverbilder: © Jenny Sturm & fotomowo - AdobeStock.com
Redaktion: Kohl-Verlag
Grafik & Satz: Kohl-Verlag
Druck: Farbo prepress GmbH, Köln

Bestell-Nr. 12 108

ISBN: 978-3-96040-207-7

Kontakt: Kohl-Verlag, An der Brennerei 37-45, 50170 Kerpen
Tel: +49 2275 331610, Mail: info@kohlverlag.de

Unsere Lizenzmodelle

Der vorliegende Band ist eine Print-Einzellizenz

Sie wollen unsere Kopiervorlagen auch digital nutzen? Kein Problem – fast das gesamte KOHL-Sortiment ist auch sofort als PDF-Download erhältlich! Wir haben verschiedene Lizenzmodelle zur Auswahl:

	Print-Version	PDF-Einzellizenz	PDF-Schullizenz	Kombipaket Print & PDF-Einzellizenz	Kombipaket Print & PDF-Schullizenz
Unbefristete Nutzung der Materialien	x	x	x	x	x
Vervielfältigung, Weitergabe und Einsatz der Materialien im eigenen Unterricht	x	x	x	x	x
Nutzung der Materialien durch alle Lehrkräfte des Kollegiums an der lizensierten Schule			x		x
Einstellen des Materials im Intranet oder Schulserver der Institution			x		x

Die erweiterten Lizenzmodelle zu diesem Titel sind jederzeit im Online-Shop unter www.kohlverlag.de erhältlich.

Inhalt

KOHL VERLAG HOCHBEGABTE KINDER im Kindergarten – Bestell-Nr. 12 108

Inhalt

Kurzvorstellung der Autorinnen

Petra Völker-Meier

Diplom-Pädagogin mit langjähriger Tätigkeit in der Erwachsenenbildung

seit ca. 20 Jahren Mitarbeit in der Deutschen Gesellschaft für das hochbegabte Kind (DGhK) in den Bereichen Beratung für Eltern und Fortbildung für Erzieherinnen sowie im Vorstand

Ulrike Krause

Erzieherin in einer zweigruppigen städtischen Kita in Paderborn

Fachkraft für Hochbegabtenförderung im Vorschulbereich (ECHA-Zertifikat, ICBF Münster)

Dozentin für Fortbildungen zum Thema (hoch-)begabte Kinder im Vorschulalter an Berufskollegs, in Kindertagesstätten etc.

Fachkraft für U3

Vorwort

Hochbegabte Kinder können oft ihre Potenziale nicht entfalten, weil sie nicht (rechtzeitig) erkannt und entsprechend auch nicht passend gefördert werden. Ihre Bedürfnisse gehen häufig unter, da der Blick zumeist auf möglichen Entwicklungsdefiziten von Kindern liegt, denen vorrangig durch Förderung entgegengewirkt werden soll. So können sich die besonderen Begabungen von Kindern nicht oder nur sehr geringfügig entfalten. Das ist nicht zuletzt ein Verlust für die Gesellschaft, vor allem aber haben auch sie selbst so viel weniger Chancen, ein zufriedenes Leben zu führen.

Dieses Material für die Aus- und Fortbildung von Erzieherinnen und Erziehern ist ein Baustein für die Verbesserung der Situation dieser „vergessenen Inklusionskinder“. Es kann sowohl im Unterricht, in Fortbildungen als auch zum Selbststudium genutzt werden. Sie finden hier die grundlegenden Informationen und praktischen Handlungsanweisungen für den Umgang mit besonders begabten Kindern und deren Förderung.

Die Materialien sind ein Schritt auf dem Weg, die Anforderung der Kultusministerkonferenz der Länder umzusetzen, die bereits 2009 beschlossen wurde:

Grundsatzposition der Länder zur begabungsgerechten Förderung

Die begabungsgerechte und entwicklungsgemäße Förderung ist Aufgabe aller Bildungseinrichtungen. Dabei sind alle Kinder und Jugendlichen einzubeziehen.
Die Bildungseinrichtungen werden der Vielfalt vorkommender Begabungsausprägungen am besten durch eine individuelle Ansprache, durch eine fordernde und fördernde Lern- und Arbeitsatmosphäre sowie durch ein begabungsförderndes Umfeld gerecht. In diesem Rahmen werden auch Kinder und Jugendliche mit hoher intellektueller Begabung optimal gefördert.
Die begabungsgerechte Förderung ist auf fachliches Wissen und entsprechende Kompetenzen aller Beteiligten angewiesen, damit sie Begabten und Hochbegabten geeignete Perspektiven für eine leistungsorientierte Weiterentwicklung ihrer Potentiale eröffnen kann.
In der Ausbildung von Erzieherinnen und Erziehern und Lehrkräften aller Schularten ist daher die Vermittlung grundlegender Kompetenzen auf den Gebieten der pädagogischen Diagnostik, Beratung und Förderung von begabten und hochbegabten Kindern und Jugendlichen erforderlich.

(Ausschnitt: Beschluss der Kultusministerkonferenz vom 10.12.2009)

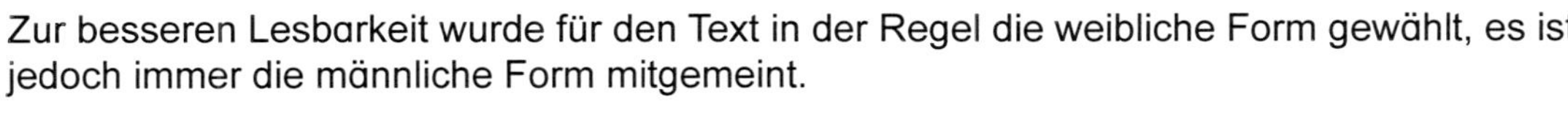

Zur besseren Lesbarkeit wurde für den Text in der Regel die weibliche Form gewählt, es ist jedoch immer die männliche Form mitgemeint.

1 Hochbegabte Kinder erkennen und fördern

- Warum brauchen hochbegabte Kinder eine besondere Förderung?

> ➔ **Warum brauchen hochbegabte Kinder überhaupt eine besondere Förderung?**
>
> ➔ **Müssten sich nicht besonders kluge Kinder auch besonders gut im Kindergarten zurechtfinden?**

Leider ist häufig das Gegenteil der Fall – sie müssen mit besonderen Problemen fertig werden:

- Hochbegabte Kinder merken in der Gruppe sehr schnell, dass sie sich von den anderen Kindern unterscheiden. Da sie keine Erklärung dafür haben, befürchten sie, dass mit ihnen selbst etwas nicht stimmt.
- Sie fühlen sich oft allein, weil andere Kinder ihren Gedanken und Interessen kaum folgen können und sich auch nicht dafür interessieren.
- Für ihre Wissbegierde finden sie häufig keine geeigneten Angebote. Sie verlieren die Lust, wenn sie sich oft mit für sie nicht passenden Angeboten beschäftigen sollen.
- Die Anforderung, sich an den normalen Angeboten (fröhlich) zu beteiligen, überfordert und stresst sie.
- Anpassung an Unpassendes und Unterforderung können sich auch psychosomatisch auswirken: Die Kinder bekommen womöglich Kopfschmerzen, Bauchschmerzen oder fühlen sich oft müde.
- Die Lernangebote in der Kita sind für sie (zu) leicht zu bewältigen. Dass es sich lohnt, sich für das Lernen richtig anzustrengen, können sie auf diese Weise nicht erfahren. Wird es dann doch einmal schwieriger, gehen sie schnell davon aus, zu dumm oder ungeschickt für diese Aufgabe zu sein und geben auf.

- Zur Verwendung der Begriffe „hochbegabt“ und „besonders begabt“

Der Begriff hochbegabt wird im täglichen Leben für die Menschen verwendet, deren Begabung erkennbar über dem Durchschnitt der Bevölkerung liegt.

Ebenso wird auch der Begriff besonders begabt benutzt, sodass in der Alltagssprache beide Begriffe nahezu die gleiche Bedeutung haben.

Im Unterschied dazu wird der Begriff hochbegabt in der Wissenschaft nur für die 2,2 % der Menschen verwendet, die von allen am höchsten begabt sind *(siehe Seite 7)*.

In diesem Text werden beide Begriffe im Wechsel benutzt, weil wir uns nicht nur auf die 2,2 % der Kinder beziehen, die am höchsten begabt sind, sondern auf alle Kinder, deren Begabung über dem Durchschnitt liegt.

KOHL VERLAG HOCHBEGABTE KINDER im Kindergarten – Bestell-Nr. 12 108

I. Hochbegabte Kinder erkennen

Die Begriffe „hochbegabt" und „besonders begabt" beziehen wir in diesem Text ausschließlich auf die intellektuelle Hochbegabung. Es gibt viele weitere besondere Begabungen wie musikalische, motorische, soziale usw., die hier nicht unser Thema sind.

- Was verstehen wir unter intellektueller Hochbegabung?

Hochbegabung kann als Entwicklungs-Vorsprung im intellektuellen Bereich verstanden werden. Sie wird mithilfe von Intelligenztests gemessen („Intelligenzquotient – IQ"). Intelligenz umfasst die Denkfähigkeiten, die

- zur Aufnahme und Verarbeitung von Informationen dienen,
- das Lösen von Problemen ermöglichen,
- helfen, neue Anforderungen gut zu bewältigen und sich in neuen Situationen schnell zurechtzufinden.

- Wie viele hochbegabte Kinder gibt es?

Die meisten Menschen sind **normal** oder **durchschnittlich begabt:**
68,2 % haben einen Intelligenzquotienten (IQ) zwischen 85 und 115. (Der Mittelwert liegt immer bei 100.)

Eine größere Gruppe von 13,6 % ist **überdurchschnittlich begabt:**
(IQ von 115 – 129).

Hochbegabt sind ca. 2,2 % jedes Jahrgangs (IQ von 130 und darüber).

Für die **unterdurchschnittlichen Begabungen** gilt die gleiche prozentuale Verteilung: 13,6 % (IQ 70 – 84) und 2,2 % (IQ unter 70).

In der Literatur wird dies in der Regel mithilfe der Gaußschen Normalverteilung dargestellt:

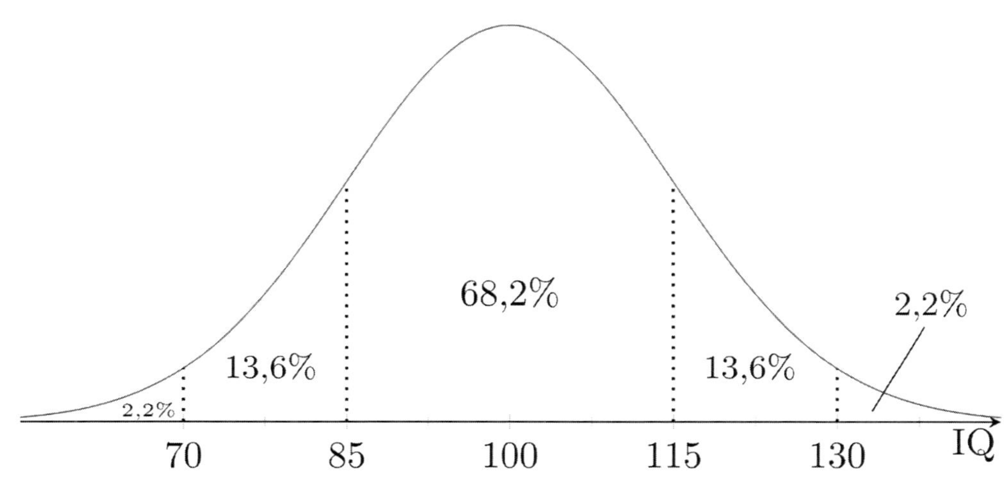

(Die Differenz von 99,8% zu 100% entsteht durch Rundungsverluste.)

HOCHBEGABTE KINDER im Kindergarten – Bestell-Nr. 12 108
KOHL VERLAG

Auf den ersten Blick übersichtlicher ist die folgende Darstellung, aus der die Mengenverhältnisse deutlich hervorgehen:

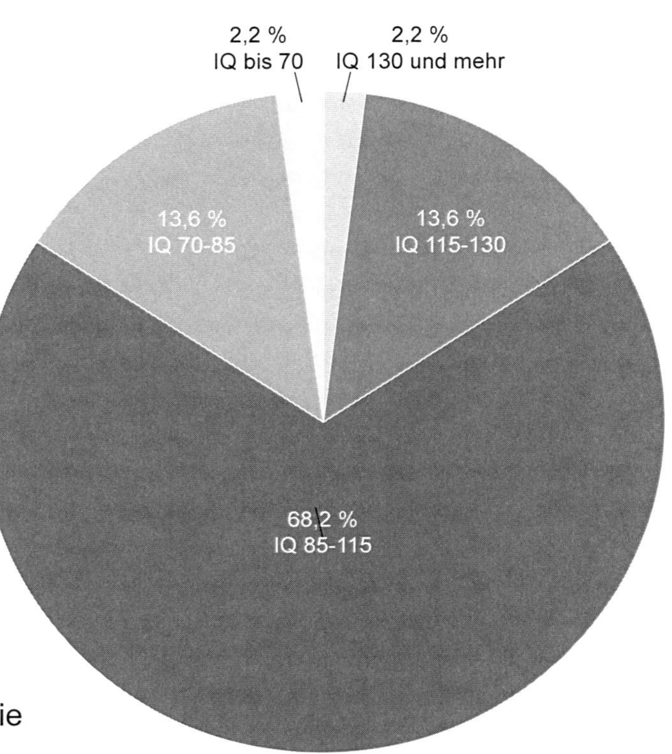

Die Grenzen zwischen den Begabungsbereichen sind jeweils fließend. Es macht z.B. wenig Unterschied, ob jemand einen IQ von 125 oder 130 erreicht.
Für Kinder im unterdurchschnittlichen Begabungsbereich gibt es inzwischen eine Vielzahl von abgestimmten Fördermaßnahmen, in die viel investiert wird. Der Förderbedarf für die überdurchschnittlich begabten Kinder wurde lange übersehen und wird auch heute nur zu einem kleinen Teil wirklich gedeckt. Sie sind die „vergessenen Inklusionskinder".

15,8 % Kinder in jedem Jahrgang mit überdurchschnittlicher Begabung machen deutlich, dass es in jeder Kindertagesstätte auf jeden Fall überdurchschnittlich begabte Kinder gibt und sehr wahrscheinlich auch hochbegabte Kinder. Sie alle sind auf ein Angebot angewiesen, das im Anspruch weiter geht als das für normal begabte Kinder.

- Woran kann man hochbegabte Kinder erkennen?

Da hochbegabte Kinder sich auch untereinander sehr stark unterscheiden, gibt es keine Merkmale, die für alle gelten. Doch es gibt Anhaltspunkte:

- ein sehr gutes Gedächtnis
- Sprachgebrauch mit großem Wortschatz, mit komplizierten und ausgefeilten Formulierungen
- gute Fähigkeit zum Argumentieren, kann sich bei Streitgesprächen gut durchsetzen
- große Lust, Neues zu lernen, Beschäftigung mit Sachbüchern, Zahlen, Buchstaben ...
- selbstverständlicher Umgang mit älteren Spielkameraden
- autonomes Denken, das abweicht von dem, was üblich ist, bis zur „Eigensinnigkeit“
- schnelle Auffassung von neuen Informationen
- Erkennen von logischen Zusammenhängen
- große Neugier
- ungewöhnliche Interessen, auf die sich das Kind lange konzentrieren kann
- sehr kreative und originelle Ideen
- hohes Anspruchsniveau an sich selbst und andere
- starker Gerechtigkeitssinn
- hohe Sensibilität für soziale Beziehungen
- Verantwortungsbewusstsein
- Bedürfnis, selbst zu entscheiden wie Dinge gemacht werden und auf eigene Weise Probleme zu lösen
- Interesse an „Erwachsenenthemen“ wie Politik, Umwelt, Religion ...
- schnelle Ermüdung und Unlust bei Routineaufgaben und Wiederholungen.

Von den genannten Anhaltspunkten lassen sich bei hochbegabten Kindern in der Regel **mehrere** beobachten – die Liste ist jedoch nicht so zu verstehen, dass alle diese Merkmale vorliegen müssen, damit man von einer Hochbegabung sprechen kann. Genau genommen kann nur ein Intelligenztest darüber Aufschluss geben, ob eine Hochbegabung vorliegt oder nicht.

Meistens ist es aber auch gar nicht notwendig, *ganz genau* zu wissen, ob ein Kind hochbegabt ist. Liegt die Vermutung nahe, ist es auf jeden Fall sinnvoll, dem Kind Aufgaben anzubieten, die es herausfordern und so seine Fähigkeiten und Begabungen zu erkunden.

Hochbegabte Kinder unterscheiden sich „nur“ in der Intelligenz von anderen Kindern, nicht aber in den anderen Persönlichkeitsbereichen wie emotionaler Entwicklung, Belastbarkeit, Ausdauer, Konfliktbereitschaft ...

- <u>Besonders schwer zu erkennen sind</u> ...

- **... hochbegabte Mädchen:**

Sie bemühen sich oft sehr, sich anzupassen und dazuzugehören. Dafür verstecken sie ihre besonderen Fähigkeiten und versuchen, sich ungefähr so zu verhalten wie die anderen Mädchen auch. Da diese Anpassungsleistung für sie sehr stressig ist, ziehen sie sich gern zurück und fallen dadurch noch weniger auf.
Jungen neigen eher dazu, den Gruppenablauf zu stören, wenn sie sich nicht wohl fühlen. Sie fallen dadurch auf und werden auch wesentlich häufiger als Mädchen in einer Beratungsstelle vorgestellt.

- **... hochbegabte Kinder aus bildungsfernen oder zugewanderten Familien**:

Oft wird hier sehr viel mehr auf die auszugleichenden Defizite geschaut und die Stärken bleiben unerkannt.

- **... behinderte Kinder und Kinder mit Teil-Leistungsstörungen:**

Für sie gilt ebenfalls, dass oft das Hauptaugenmerk auf die Beeinträchtigungen gerichtet ist.

- <u>Beobachtungen aus der Kita-Praxis</u>

Besonders begabte Kinder fallen oft in der Kita zunächst dadurch auf, dass sie die anderen Kinder erst über einen langen Zeitraum beobachten, bevor sie sich zu einer Tätigkeit entschließen. Sie suchen zum einen nach einem passenden Angebot, zum anderen möchten sie auch erst ganz genau erfassen, worum es geht, bevor sie sich einer Sache zuwenden.

Bei vielen besonders begabten Kindern ist zu beobachten, dass sie Regeln – wenn sie sie einmal eingesehen haben – zuverlässig einhalten. Es fällt ihnen schwer zu verstehen, dass andere Kinder das längst nicht immer tun (die Regel ist doch vernünftig, warum halten sie sich nicht daran?...). So kann es vorkommen, dass ein hochbegabtes Kind andere Kinder bei den Erzieherinnen „verpetzt" – und zwar, weil es sich selbst wünscht, dass alle sich an die Regeln halten und nicht, um den anderen Kindern zu schaden.

Bei Streit unter den Kindern sind die Hochbegabten oft diejenigen, die mit Worten zu schlichten versuchen, wo andere Kinder den Konflikt vielleicht handgreiflich austragen. Hier kommt ihnen ihre Ausdrucksfähigkeit früh zugute. Allerdings gehen längst nicht alle anderen Kinder darauf ein – was wiederum für die klugen Kinder schwer zu verstehen ist, wenn man sich doch mit Worten viel besser einigen kann als mit Schlägen.

Wenn besonders begabte Kinder mit anderen Kindern spielen, sind dies oft ältere Spielkameraden. Sie spielen auch weniger in größeren Gruppen, sondern eher mit ein oder zwei Kindern.

Da sie die Verständigung mit anderen Kindern oft schwierig finden, halten sich viele besonders begabte Kinder gern an die Erzieherinnen in der Kita, verwickeln sie in Gespräche und möchten auch gern mit ihnen spielen oder ihnen helfen.

Der Entwicklungsvorsprung im geistigen Bereich bedeutet in keiner Weise, dass diese Kinder auch einen Entwicklungsvorsprung in anderen Bereichen haben müssen. Die soziale Entwicklung oder auch die Feinmotorik eines 4-Jährigen können altersgemäß sein, während seine Denkfähigkeit bereits das Niveau eines 7-Jährigen haben kann. Es ist leicht vorstellbar, dass diese Asynchronität in der Entwicklung der verschiedenen Bereiche für das Kind selbst nicht leicht zu handhaben ist:
Es hat sich z.B. genau überlegt, wie ein Spiel ablaufen soll, kann das den anderen Kindern aber nicht auf für sie verständliche Weise deutlich machen. Das führt schnell zu Ärger und Enttäuschungen.
Ähnlich verhält es sich mit der Feinmotorik. Ganz genau hat das Kind vor Augen, wie sein Bild aussehen soll, aber so präzise kann es einfach noch nicht malen. So malen manche Kinder lieber gar nicht, bevor sie wieder so eine Enttäuschung erleben.

Manche Kinder zeigen zu Hause wesentlich mehr von ihren Fähigkeiten als in der Kita, zum Beispiel Vivien.

Bild von Vivien im Kindergarten:

Dieses Bild hat Vivien im Alter von 4,4 Jahren von sich selbst im Kindergarten gemalt. Es wurde der Mutter im Rahmen eines Entwicklungsgespräches von der Erzieherin gezeigt. Diese meinte dazu, dass Vivien in ihrer Malentwicklung altersentsprechend sei. Die Phase der Kopffüßler hätte sie lange hinter sich gelassen. Sie hätte sogar die fünf Finger an jeder Hand gemalt.
Die Mutter zeigte sich beim Ansehen des Bildes überrascht, da ihre Tochter zuhause um einiges detaillierter malen würde.

Noch am gleichen Tag bat die Mutter ihre Tochter darum, ein Bild von sich zu malen. Vivien fing direkt an.
Doch sie bildete sich nicht nur selber auf ihrem Pferd „Heinzi" (inklusive Sattelgurt) ab, sondern zusätzlich ihre Eltern und ihre ältere Schwester. Im Gegensatz zum Bild aus dem Kindergarten zeichnete sie die Finger hier wesentlich genauer, fügte den Hals und Haare hinzu. Auch bekamen die Personen Knie und Füße. Ergänzend folgte der Himmel und ein gestempelter Fisch, ebenso wie ihr selbst geschriebener Name und das Wort Mama.

Als die Mutter ihr das Bild aus dem Kindergarten zeigte und nachfragte, warum sie dort nicht so malen würde wie zuhause, antwortete Vivien ihr: „Da malen die doch alle so!"

Bild von Vivien zuhause:

Diese beiden Bilder und die Aussage von Vivien machen deutlich, wie sehr sich manche Kinder – vor allem hochbegabte Mädchen – anpassen, damit sie auf keinen Fall auffallen.
Es muss also wirklich sehr genau beobachtet werden, damit diese Kinder nicht unentdeckt bleiben und entsprechend ihrer Fähigkeiten gefördert werden.

- Wann kann man sicher sein, dass ein Kind hochbegabt ist?

Gewissheit kann hier nur ein Test bei fachkundigen Psychologinnen oder Psychologen bringen. Schon für Kinder ab 2 ½ bis 3 Jahren gibt es aussagekräftige Tests. – Wichtig ist, dass in der psychologischen Praxis bereits Erfahrungen mit hochbegabten Kindern vorliegen!
Allerdings ergeben Tests im Vorschulalter noch keine ganz stabilen Ergebnisse, da sich das Kind noch stark in der Entwicklung befindet. Deshalb sollte ein Testergebnis, das zur Klärung einer Frage herangezogen wird, nicht älter als ein Jahr sein.
Es ist nicht notwendig einen Intelligenztest machen zu lassen, nur um den IQ des Kindes zu kennen. Er sollte vor allem dann durchgeführt werden, wenn konkrete Fragen zu klären sind. Wenn Eltern und Erzieherinnen beispielsweise sehr unsicher bezüglich einer frühen Einschulung sind, kann ein Test eine gute Hilfe für die Entscheidung sein.

Außerdem sollte man sich bewusst sein, dass ein IQ-Test zwar Hinweise auf die Intelligenz des Kindes liefert, aber keine „Rezepte", wie das Kind am besten gefördert werden kann. Wenn ein Testergebnis vorliegt, ist es daher besonders wichtig, dass Eltern und Erzieherinnen miteinander im Gespräch bleiben, welche Maßnahmen sich zum Wohle des Kindes umsetzen lassen.
Eine Testung muss außerdem in den meisten Fällen privat bezahlt werden.

Setzt man mit einem Test das Kind nicht zu sehr unter Leistungsdruck?

Die allermeisten besonders begabten Kinder finden sich mit Tests sehr gut zurecht. Oft sind sie sogar glücklich, einmal richtig schwere Aufgaben bearbeiten zu dürfen und widmen sich diesen mit Begeisterung. Endlich können sie zeigen, wie gut sie denken und kombinieren können und jemand interessiert sich dafür!

- Darf man einem fünfjährigen Kind sagen, dass es hochbegabt ist?

Eine ehrliche Auskunft ist für das Kind unbedingt wichtig. Es hat schon lange gemerkt, dass es anders ist als die meisten anderen Kinder und möchte eine Erklärung dafür haben. Vor allem braucht es auch eine „Erlaubnis", dass es so anders sein darf und dass das in Ordnung ist. Die Erfahrung zeigt, dass die Kinder sich nicht als etwas Besseres fühlen und aufführen, wenn man ihnen sagt, dass sie „besonders klug" sind oder „schneller denken können als andere". Es muss ja nicht der Begriff „hochbegabt" verwendet werden.

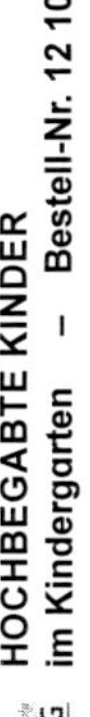

Hochbegabte Kinder verstehen oft nicht, warum sich andere Kinder nicht vernünftig oder logisch verhalten. Sie brauchen Erklärungen für das Verhalten der anderen Kinder, Erläuterungen, wie diese sich fühlen. Das ist wesentlich leichter anzusprechen, wenn der Unterschied zwischen ihnen und den „normalen" Kindern akzeptiert und benannt wird.

Einschätzung ohne Test

Oft ist ein Test nicht notwendig. Erfahrenen Erzieherinnen und Erziehern fällt auf, wenn ein Kind sich schneller als normal entwickelt. Sie können dann ganz gezielt diesem Kind Materialien für ältere Kinder anbieten und sehen, wie es darauf reagiert. Sie können in Gesprächen feststellen, worüber sich das Kind Gedanken macht und erkennen, auf welchen Entwicklungsstand dies hinweist. Wichtig ist auch, die Eltern berichten zu lassen, womit das Kind sich zu Hause gern beschäftigt. Wenn die Beobachtungen aus Kita und Elternhaus zusammengeführt werden, ergibt sich oft schon ein recht klares Bild von der Begabung.

II. Hohe Begabung = hohe Leistung?

- Begabung braucht Förderung

Eine hohe Begabung ist eine Anlage, die – *bei entsprechender Förderung* – später eine hohe Leistung ermöglichen *kann*. Das heißt: es ist wichtig, die besondere Begabung zu erkennen, auch ohne dass schon eine besondere Leistung sichtbar wird. Hier ist besonders auf die Kinder zu achten, die sich bemühen, ihre Fähigkeiten und ihr Wissen nicht zu zeigen, um in der Gruppe nicht aufzufallen.

Eine Begabung kann sich am besten bei passender Förderung entfalten. **Bleibt die Förderung aus, kann auch die Begabung verkümmern, sie entwickelt sich nicht von selbst.** Bei Sportlern und Musikern ist das eine Selbstverständlichkeit, dies gilt aber auch für alle weiteren Begabungen!
Kann das Kind seine Begabung nicht entfalten, hat das auch Auswirkungen auf sein Selbstkonzept, sein Selbstbewusstsein – es kann sich ebenfalls nicht entsprechend entwickeln. Es entwickelt kein Zutrauen in die eigenen Fähigkeiten, weil es keine Gelegenheit hat, sich selbst von diesen Fähigkeiten zu überzeugen.

Deshalb sollte auch nicht nur die passende Förderung der kognitiven Fähigkeiten eines Kindes im Fokus stehen. **Die Persönlichkeit des Kindes** ist ebenfalls von Bedeutung: seine Motivation, seine Disziplin, sein Durchhaltevermögen. Wie alle Kinder muss auch ein besonders begabtes Kind in diesen Bereichen gestärkt und unterstützt werden.
Und nicht zuletzt spielt die Umwelt eine wichtige Rolle: Die Familie muss offen für die Lernfreude des Kindes sein ebenso wie die Kita.

HOCHBEGABTE KINDER im Kindergarten – Bestell-Nr. 12 108

- Unterforderung und ihre möglichen Folgen

Wir alle kennen das zufriedene Gefühl, eine Aufgabe gemeistert zu haben, für die wir uns richtig anstrengen mussten. Die Voraussetzung für das gute Gefühl ist, dass die Aufgabe für uns wirklich schwierig war und wir uns voll darauf konzentrieren mussten, um sie lösen zu können.

Was aber passiert, wenn wir solche Aufgaben, die uns wirklich fordern, gar nicht gestellt bekommen? – Wir erleben, dass alles, was wir tun sollen, leicht zu erledigen ist. Es gelingt uns „mit links". Es gibt keinen Grund, stolz auf das Erledigen dieser Aufgaben zu sein. Wir mussten uns auch nicht wirklich voll darauf konzentrieren. Nachdem alles getan ist, stellt sich keinerlei Zufriedenheit ein – eher ein gewisses Gefühl von Leere.

Viele besonders begabte Kinder, die nicht passend gefordert und gefördert werden, erleben nicht, wie es ist, sich für eine Aufgabe anzustrengen. Und so fehlt ihnen auch die „Belohnung": Stolz und Freude über das Geschaffte.

Unwillkürlich suchen die Kinder nach Möglichkeiten, doch noch einen „Kick" zu bekommen. Da die Kinder sehr unterschiedlich sind, tun sie das auch auf sehr unterschiedliche Weise – und nicht unbedingt in einer Form, für die sie von der Erzieherin gelobt werden.

Hält die Unterforderung länger an, wird es immer schwieriger, die Kinder für eine geistige Anstrengung zu motivieren. Wenn ihnen eine Aufgabe nicht gleich gelingt, denken sie „ich bin zu dumm dafür" und geben schnell auf. Um aus dieser Haltung wieder herauskommen zu können, brauchen sie nun sehr viel Unterstützung.

Kinder, die sich am Tag in der Kita sehr bemüht haben, sich anzupassen, sind zuweilen nicht wieder zu erkennen, sobald sie zu Hause sind. Wutanfälle, ständige Unzufriedenheit und Unruhe machen den Eltern das Leben schwer und sie können sich das Verhalten oft gar nicht erklären.

Häufiger betrifft dies Mädchen, sie strengen sich mehr an, nicht aufzufallen und möchten gern in der Gruppe richtig dazu gehören.

III. Angemessene Förderangebote für hochbegabte Kinder

Intellektuell hochbegabte Kinder können die gleichen Schwächen haben wie andere Kinder auch. Verschiedene Bereiche wie Motorik oder emotionale Stabilität und weitere können sich auch bei ihnen asynchron entwickeln.
Um ihnen die Motivation zu erhalten, gilt das gleiche Prinzip wie bei allen Kindern: Wir setzen immer zunächst bei ihren Stärken an, hier also bei den geistigen Interessen. Das erst gibt ihnen Mut und Energie, sich auch mit ihren Schwächen zu befassen.
Oft haben hochbegabte Kinder einen hohen Anspruch an sich selbst und brauchen Trost und Ermutigung, wenn etwas nicht gleich gelingt.
Sie sind außerdem häufiger recht lärmempfindlich und fühlen sich leicht in ihrer Konzentration gestört. Die Gelegenheit, sich an einem ruhigen Platz mit Dingen beschäftigen zu dürfen, ist für sie sehr viel wert.

- <u>Beobachten und Nachfragen</u>

Vor der Förderung steht die genaue Beobachtung des Kindes. Es ist gut Klarheit zu gewinnen, über ...

- ... *die Stärken*, z.B. logisches Denken, Rechnen.
- ... *die Schwächen*, z.B. Feinmotorik, Spielen in der Gruppe.
- ... *kritische Situationen*, z.B. Wiederholungen beim Stuhlkreis, Bastelprojekte.
- ... *Ressourcen*, z.B. Geduld, Ausdauer beim Problemlösen.

Oft hat das Kind selbst Vorstellungen, was es machen möchte. In jedem Fall ist es wichtig, die Sicht des Kindes zu geplanten Beschäftigungen zu erfragen.
Daneben bietet es sich an, über gezieltes Nachfragen genauer in Erfahrung zu bringen, was das Kind aktuell interessiert und womit es sich geistig beschäftigt. Mögliche Fragen dafür sind beispielsweise:

Hast du ein Lieblingsspielzeug? Womit spielst du am liebsten? Mit wem spielst du am liebsten im Kindergarten? Worüber hast du gestern oder heute nachgedacht? Was kannst du besonders gut? Was ist im Kindergarten noch schwierig für dich?

Ein gut ausgearbeiteter Fragebogen für das Gespräch mit dem Kind (ist für alle Kinder geeignet) findet sich z. B. unter
<u>*www.ihvo.de/handbuch*</u> bei
3. Hochbegabte Kinder besser verstehen"
→ Interessen-Fragebogen für den Kindergarten

- Förderangebote

Unfertige Materialien und solche, die voller Möglichkeiten stecken, lassen viel Raum für Kreativität, unkonventionelle Anwendungen und Experimente. Je freier die Kinder über Materialien verfügen und sie ihre Aktivitäten gestalten können, umso eher finden auch die besonders begabten Herausforderungen und Möglichkeiten, ihre Talente zu nutzen und auszubauen.
Fragen der Kinder sollten beantwortet werden – wenn niemand vor Ort die Antwort weiß, können sie zum gemeinsamen Forschungsprojekt werden: Wo kann die Antwort gefunden werden, wen können wir fragen, wo nachsehen? (Siehe dazu auch unten „Gelbe Seiten")
Keine Angst vor schwierigen oder komplizierten Fragen der Kinder! Das ist ja keine Prüfung, sondern die Kinder gehen einfach ihren Forschungsinteressen nach. Sie verstehen, dass auch Erwachsene nicht alles wissen können. Eine Frage, die zu schwer zu beantworten ist, kann auch einmal zurückgestellt werden, notfalls auch unbeantwortet bleiben.

Forschungsprojekte im Kindergarten und vieles mehr

Woraus ist die Wand im Kindergarten gebaut? Wie kommt das Wasser in den Kran? Woraus ist mein Pullover gemacht? Und noch unendlich mehr Fragen können in der Kita untersucht werden, sobald ein Kind dafür Interesse zeigt.
Kinder, die schon lesen können, können anderen etwas vorlesen und selbst in Büchern nachschlagen.
Ein Computer mit förderlichen Spiel- und Lernprogrammen bietet darüber hinaus viele Anregungen.
Einige Spiele für ältere Kinder (bis 10 Jahren!) sollten vorhanden sein, an denen sich das begabte Kind erproben kann. Diese Spiele sollten dann auch für die jüngeren Kinder erreichbar sein – ebenso wie die Materialien für „Schulkinder"! Maßstab ist hier immer das Entwicklungsalter, nicht das kalendarische Alter.

Mit solchen Angeboten können sich hochbegabte Kinder im Kindergarten sehr wohl fühlen. Denn: Sie sind glücklich, wenn sie lernen dürfen.

Keine Angst vor Überforderung! Die Kinder freuen sich, wenn sie in ihren starken Bereichen herausgefordert werden und sie zeigen auf der anderen Seite sehr deutlich, wenn sie ein Angebot nicht annehmen möchten.

Hier ein paar Beispiele für geeignete Spielmaterialien:

⇨ Konstruieren und Bauen
- Jenga
- Villa Paletti
- Potz Klotz
- Equilibrio
- Tipover

⇨ Körpergefühl
- Häuptling Wackelnix
- Hands up

⇨ Dinge, mit denen man messen und untersuchen kann
- Waage
- Zollstock
- Wasserwaage
- Messbecher
- Stoppuhr
- Mikroskop
- Magnete

⇨ Verschiedenste Lernspiele
- Flocards
- Tangram
- Cognito von Beleduc
- Colorama
- Stufenzählstäbe
- Ratzfatz-Kartenspiele
- Dobble
- Blokus / Blokus Duo
- Logeo ratio
- Rush Hour / Rush Hour Junior
- Ligretto
- Bilder-Labyrinth von Logika
- Zahlen-Labyrinth von Logika
- Tabu / Tabu Junior
- Monopoly / Monopoly Junior
- LÜK

- **Anregungen zum Philosophieren mit Kindern:**
  Antje Damm: „Frag mich! 118 Fragen an Kinder, um miteinander ins Gespräch zu kommen"; Moritz Verlag, 3. Auflage 2015

- **Viele weitere Fördertipps finden Sie bei**
  www.ihvo.de/handbuch unter ***„4. Hochbegabte Kinder im Kita-Alltag fördern"***
  Dort gibt es außerdem eine Einschätzung und Anleitung zur Nutzung von Computer und Internet in der Kita (unter 4.3).

- **Experimente für die Kita gibt es bei**
  www.haus-der-kleinen-forscher.de
  http://experimente-fuer-kinder.blogspot.de/2009/03/liste-aller-versuche.html

HOCHBEGABTE KINDER im Kindergarten – Bestell-Nr. 12 108

- Aus der Kita-Praxis: Konkrete Beispiele für spannende Angebote

„Gelbe Seiten"

Eine Idee, wie man Kompetenzen und Ressourcen der Kinder oder anderer Personen nutzen kann, ist das Erstellen von „Gelben Seiten". Man kennt sie durch den Vertrieb der Telekom, wenn man eine Firma, einen Dienstleister oder sonstiges sucht. In diesem Fall können die „Gelben Seiten", abgestimmt auf die eigene Kita, erstellt werden.
Mit den Kindern wird gemeinsam überlegt, wer bei bestimmten Sachen oder Problemen helfen kann. Dabei kann es sich z.B. um die Pflege des Aquariums handeln, um Schwierigkeiten mit dem Computer, um die Pflege des Hochbeetes im Garten, das Organisieren eines Ausfluges oder eines Festes, die musikalische Begleitung im Morgenkreis usw.
Oftmals kennen die Kinder die Experten für solche Dinge in ihrer Gruppe sehr gut und können sie dafür auch benennen.
Es können aber auch Familienmitglieder oder Freunde sein, die für so etwas in Frage kommen: manchmal, weil sie einen Beruf ausüben, der mit dem Thema zu tun hat oder weil sie einfach Interesse daran haben. Es ist zugleich eine schöne Sache, um mit Kindern über Berufe ins Gespräch zu kommen.

Singen in der Kita

Singen regt viele Hirnbereiche an. Das macht nicht nur schlau, sondern auch glücklich und entspannter. Außerdem schult es das Gehirn, fördert die Sprachentwicklung und stärkt das Immunsystem.
Also nicht lange zögern, sondern anfangen zu singen! Den Kindern macht es Freude und manch knifflige Situation kann dadurch aufgelockert werden und von Schmerz und Trauer ablenken.
Viele Kinder lieben dabei auch das Singen in verschiedenen Sprachen. Der andere Klang übt eine besondere Anziehung aus und fördert noch einmal mehr das Sprachverständnis.
Begabte Kinder reizt daran auch oft das Spiel mit der Sprache. Wenn die Lieder dann einmal laut und einmal leise, einmal langsam und einmal schnell, einmal mit piepsiger Mäusestimme und einmal wie ein großer starker Bär gesungen werden, macht es noch mehr Freude.

Manche Lieder, wie z.B. „Bruder Jakob" sind in sehr vielen Ländern bekannt und können in unterschiedlichen Sprachen gesungen werden.
Unter *www.waldorfwilhelmsburg.de/front_content.php?idart=102* findet man es in 27 unterschiedlichen Sprachen.
Oft können Eltern aus den jeweiligen Herkunftsländern dabei behilflich sein, die Lieder gleich mit der richtigen Aussprache zu erlernen (ansonsten über „YouTube"). Schön ist es auch, wenn man Landesflaggen zu den Sprachen mit hinzunimmt. Auch der Einsatz von Musik- und Körperinstrumenten sollte natürlich nicht zu kurz kommen.

Schach spielen

Gerade begabte Kinder lieben Strategiespiele, die sie herausfordern. Das Schachspiel bietet sich dafür besonders an. Schon allein die Namen der Spielfiguren sind für viele Kinder interessant.
Vorausschauendes und logisches Denken, aber auch Konzentration, Ausdauer und Geduld sind hierbei gefragt. Schritt für Schritt erlernen sie die Regeln und können sie dann auch anwenden.
In unserer Kita sehen wir immer wieder, dass Kinder über das Schachspielen zu Ruhe und Konzentration finden, wo es ihnen sonst im Alltag schwerfällt.
Auch lernen zusehende Kinder automatisch mit. Manchmal geben sie kleine Tipps, merken aber auch, dass es ein Spiel ist, bei dem Stille gefragt ist. So erfahren sie zeitgleich eine kleine Auszeit, in der sie ein wenig entspannen können.
Je nach Begabung und Interesse können die Kinder ihre Fähigkeiten ausbauen. Das Lernen hört beim Schach nie auf!

Jahrelange und weltweite Untersuchungen haben ergeben, dass Kinder, die Schach spielen können, oftmals besser in der Schule sind als gleichaltrige Schulkameraden. *(aus: http://www.kinderschach.eu/php/startseitev.php)*

Treppenspiele

Die Stufen im Treppenhaus unserer Kita haben wir an der einen Seite mit den Ziffern von 1 - 22 nummeriert. Auf der anderen Seite wurde die jeweilige Zahl mit Würfeln dargestellt.

Einige Kinder fingen noch während die Zahlen und Würfel aufgeklebt wurden, bereits auf der Treppe an zu spielen und zu zählen. Das wurde an den darauffolgenden Tagen noch intensiver, nachdem auch die andere Gruppe die Neuerung entdeckt hatte.

Im Morgenkreis kam einem Jungen folgende Idee: „Statt wie sonst zu zählen, wie viele Kinder heute da sind, können wir uns doch einfach auf die Treppe stellen."

Gesagt, getan! Die größeren Kinder unterstützten und platzierten die jüngeren und siehe da, jede Stufe wurde besetzt (19 Kinder, 2 Erzieherinnen + 1 Praktikantin). In der Gruppe wurde dann noch einmal Wert auf die Gegenkontrolle gelegt: das gleiche Ergebnis.

Während eines Würfelspiels in der Mittagszeit kam demselben Jungen der Gedanke, mit dem Würfel an der Treppe zu spielen. Ein Kind sollte immer würfeln, die beiden anderen waren die Spielfiguren und durften entsprechend der Würfelaugen die Treppe erklimmen. Sieger sollte derjenige sein, der als erster bei der 22 ankam.

Dieses Spiel haben wir am nächsten Tag durch einen weiteren Würfel (mit anderer Farbe) erweitert: Es wurde mit beiden Würfeln im Wechsel gewürfelt. Der eine zeigte an, wie viele Stufen man hochgehen durfte, der andere, wie viele Stufen wieder herunter. Ziel sollte auch hier wieder sein, die 22 zu erreichen. Große Schaumstoffwürfel machten das Spiel noch reizvoller.

Die Kinder zeigten viel Freude am Zählen und Rechnen, aber natürlich auch an der Bewegung, die bei diesen Treppenspielen ganz bestimmt nicht zu kurz kam! Die besonders begabten Kinder sind bei solchen Spielen oft die Ideengeber und können andere Kinder bei der Umsetzung unterstützen.

KOHL VERLAG HOCHBEGABTE KINDER im Kindergarten – Bestell-Nr. 12 108

„W – wie Wasser“, ein Projekt im Kindergarten

Manchmal sind es die kleinen Momente im Kindergartenalltag, die uns den Einstieg in ein Projekt bieten, das für jedes Kind eine Bereicherung ist, unabhängig von seiner Begabung. Zudem ist Projektarbeit eine gute Möglichkeit, dass sich begabte Kinder ausreichend entfalten können.

Der Auslöser für das Projekt „W – wie Wasser“ war ein komplett unter Wasser gesetzter Waschraum, inklusive zweier triefnasser Kinder. Sie bespritzten sich gegenseitig, sprangen lachend in die bereits entstandenen Pfützen und wischten mit ihren nassen Händen immer wieder über den Spiegel.

Es war eine Freude, den beiden zuzusehen. Natürlich hätte ich auch einschreiten und das ausgelassene Spiel beenden können. Doch stattdessen nahm ich die Rolle der stillen Beobachterin ein, auch als noch zwei weitere Kinder dazukamen.

Wasser ist das erste Element, das Kinder spüren und erfahren. Sie erleben es tagtäglich und können viele Erfahrungen im Umgang mit Wasser aufweisen. Beim Spiel mit diesem Element vergessen Kinder oftmals die Welt um sich herum.

Wasser hat also das gewisse Etwas. Es lohnt sich, es mit den Kindern gemeinsam zu entdecken und zu erleben.

Das Projekt „W – wie Wasser“ war geboren und sollte 6 Kinder und mich fünf Wochen lang intensiv begleiten.

Die einzelnen Kinder wiesen unterschiedliche Begabungen auf, kamen aus unterschiedlichen sozialen Schichten und waren auch nicht alle gleichermaßen der deutschen Sprache mächtig. Den eigentlichen Projektverlauf bestimmten die Kinder maßgeblich durch ihre Fragen und Gedanken mit, die sie in der ersten Einheit beim Erstellen einer Mind Map mit eingebracht haben.

Folgende Fragen kamen z.B. auf:

- Woraus besteht Wasser?
- Wie entsteht ein Regentropfen?
- Wie kommt Wasser in die Häuser?
- Kann man Wasser sieben?
- Ist Wasser immer nass?

All diese Fragen haben wir versucht zu beantworten. Getreu dem Motto von Werner Bethmann: „Ob eine Sache gelingt, erfährst du nicht, wenn du darüber nachdenkst, sondern wenn du es ausprobierst.“

Insgesamt hatten wir 12 verschiedene Aktionen:

Tag 1: Was wissen wir über Wasser bzw. möchten wir wissen?

Tag 2: Was ist Wasser und woraus besteht es? Wir kneten Wassermoleküle.

Tag 3: Der Wasserkreislauf und das Experiment „Regen im Glas“

Tag 4: Ausflug in das Paderquellgebiet mit seinen 200 Quellen und ein Besuch des Quellkellers in der Kaiserpfalz

KOHL VERLAG HOCHBEGABTE KINDER im Kindergarten – Bestell-Nr. 12 108

Tag 5: Wie kommt das Wasser in die Häuser?

Tag 6: Heute bauen wir eine Kläranlage

Tag 7: Basteln der Seeroseneinladungen an die Eltern für die Abschlusspräsentation und das Experiment: Was schwimmt? Was schwimmt nicht?

Tag 8: Die Kraft des Wassers erleben, Oberflächenspannung anhand eines Wasserberges kennenlernen und Wasser sieben

Tag 9: Die Aggregatzustände des Wassers, fest, flüssig und gasförmig, kennenlernen und erfahren

Tag 10: Malen mit Wasserfarbe und der Bau einer Wasserorgel

Tag 11: Aufbau für die Präsentation

Tag 12: Große Präsentation für alle Kinder, Erzieher, Eltern, usw. und das Überreichen der Teilnahmeurkunden

Was sich hier vielleicht etwas theoretisch anhört, wurde immer durch Versuche praktisch ausprobiert. Auch Spiele, Malaktionen und Geschichten begleiteten uns bei den jeweiligen Einheiten.

Im Rahmen solcher Projekte kann sich jedes Kind anhand seiner Fähigkeiten aus den Einheiten herausziehen, was es braucht bzw. verarbeiten und bewältigen kann. Das ist das, was unter individueller Förderung zu verstehen ist.
Die Kinder haben viel Freude an dem Projekt gehabt und das Erlebte auch innerhalb ihrer Gruppen und zuhause weitergetragen.

Einige haben an Selbstbewusstsein gewonnen, andere wiederum wurden ausdauernder und konnten sich besser konzentrieren. Zwei Kinder, von denen eines definitiv hochbegabt war und es bei dem anderen sehr wahrscheinlich war, verloren ihre „Kindergartenmüdigkeit" und kamen wieder gerne.

So ein Projekt ist außerdem eine gute Gelegenheit, Kinder aus unterschiedlichen Gruppen zusammenzuführen. Gerade die besonders begabten Kinder können so erfahren, dass es noch weitere Kinder gibt, die so schnell denken wie sie.

Eva *(Name geändert)* hat mir sogar persönlich in einem Brief geschrieben, wie gut ihr alles gefallen hat, das freute mich besonders.

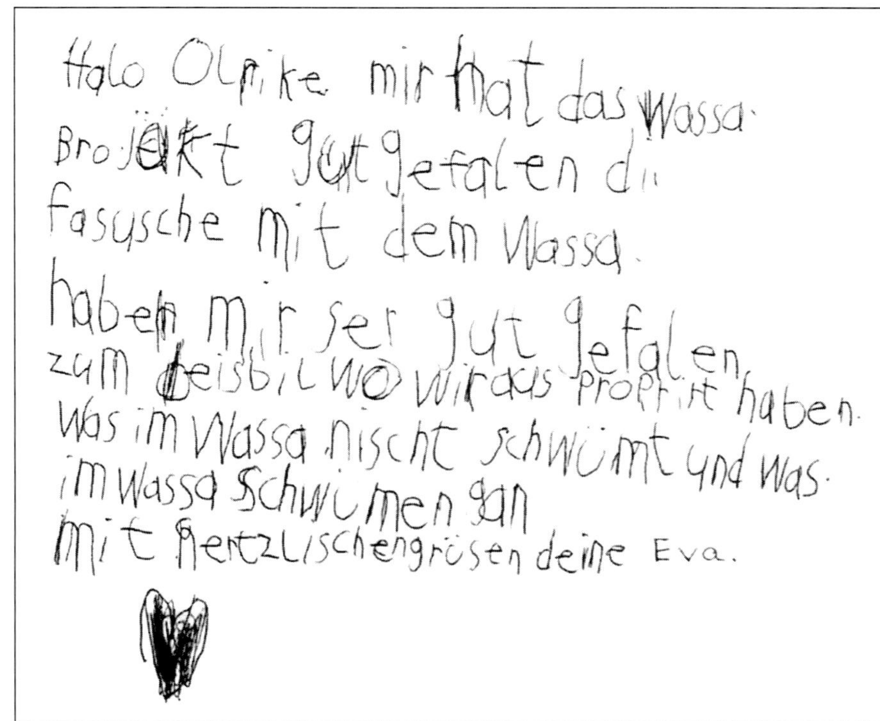

Halo Olrike mir hat das Wassa
Projekt gut gefalen di
fasusche mit dem Wassa.
haben mir ser gut gefalen
zum beisbil wo wir das propirt haben.
was im Wassa nischt schwimt und was
im Wassa schwimen kan
mit hertzlischengrüsen deine Eva.

2 Die soziale und emotionale Entwicklung

„Er ist ein kluges Kind, aber sozial noch nicht so weit“, hören Eltern oft beim Gespräch mit den Erzieherinnen. Dies ist häufig eine Fehleinschätzung:

Gerade hochbegabte Kinder haben es sehr schwer, Spielkameraden zu finden, denn sie haben oft nur wenige Interessen mit Gleichaltrigen gemeinsam. Deshalb spielen sie viel allein. Mit älteren Kindern oder Erwachsenen kommen die Kinder aber oft sehr gut zurecht.

Wenn passende Spielkameraden da wären, würden sich die hochbegabten Kinder freuen! Deshalb ist es wichtig, die als besonders begabt erkannten Kinder in der Kita häufiger einmal zusammenzufassen und ihnen Gelegenheit zu geben, eine Aufgabe oder ein Projekt gemeinsam zu bearbeiten.

Daneben kann ein Kontakt zu gleichaltrigen Kindern in der Gruppe schwierig sein, weil sich die besonders begabten Kinder zunächst nicht vorstellen können, dass die anderen Kinder noch nicht so einen umfangreichen Wortschatz haben. Sie brauchen Anleitung, sich mit den anderen Kindern passend zu verständigen. Ein Kind bezeichnete das einmal als „Fremdsprachen lernen“: Zusätzlich zur eigenen Sprache ist dies einmal die Sprache der gleichaltrigen Kinder und dann noch die Sprache der Erwachsenen.

Die emotionale Belastung kann bei hochbegabten Kindern höher sein als bei anderen Kindern, denn sie verstehen bereits sehr viel – z.B. aus den Nachrichten – haben aber noch nicht die emotionale Stabilität, es auch zu verarbeiten. Unglücke, Ungerechtigkeiten können sie sehr beschäftigen.

Perfektionismus wird besonders begabten Kindern oft nachgesagt. Hier kommt zum Ausdruck, dass sie sich im Geist Dinge schon sehr genau vorstellen können, bevor sie versuchen, sie zu bauen oder zu malen. So gut wie es im Kopf aussieht, kann es auf Anhieb aber kaum gelingen. So sind sie oft sehr enttäuscht und brauchen Zuspruch, nicht gleich aufzugeben, sondern es mehrmals zu versuchen.

Sie haben einen hohen Anspruch an das, was sie tun und tun sich schwer, hier Zugeständnisse zu machen. Hier ist das Vorbild von Erwachsenen sehr wichtig, die ihnen zeigen, dass sie selbst bei einem Misserfolg nicht gleich aufgeben, sondern es einfach immer wieder versuchen.

I. Passender Zeitpunkt für die Einschulung

Hochbegabte Kinder freuen sich – wie andere Kinder auch – auf die Schule und können ihre Einschulung oft kaum erwarten. Häufig ist es sinnvoll, sie möglichst früh einzuschulen – bevor sie sich den Lernstoff der ersten Klasse bereits selbst angeeignet haben!

Kinder mit einer weit fortgeschrittenen geistigen Entwicklung werden nicht selten mit der Begründung „ist sozial noch nicht soweit" nicht vorzeitig, sondern erst regulär eingeschult. Diese Einschätzung geht darauf zurück, dass das Kind vielleicht in der Kita noch keine Freunde gefunden hat und oft allein spielt. Die Chancen auf eine solche Freundschaft wachsen aber auf keinen Fall, wenn das Kind weiterhin in der Kita bleibt. Im Gegenteil: In einer Schulklasse mit vielen älteren Kindern ist es viel wahrscheinlicher, dass es Freunde findet, die seine Interessen teilen.

Daneben muss – wie bei allen Kindern – darauf geachtet werden, dass das Kind auch körperlich, emotional und sozial in der Lage ist, die Schule zu besuchen. Es ist allerdings davon auszugehen, dass der Lernstoff des ersten Schuljahrs für das hochbegabte Kind überhaupt kein Problem darstellt und es seine Kräfte darauf verwenden kann, sich in der neuen Schulsituation gut zurechtzufinden.

Wenn z. B. die Feinmotorik noch nicht so gut entwickelt ist, kann das Kind trotzdem eingeschult werden: Die geistige Förderung hat Vorrang, bei der Motorik kann es in Ruhe aufholen.

Mit fünf in die Schule? Wird dem Kind nicht ein Stück Kindheit gestohlen?

Im Gegenteil! Was hochbegabte Kinder wirklich gern tun: sich Wissen, logische Zusammenhänge und abstrakte Begriffe aneignen! Nicht wenige von ihnen bringen sich das Lesen selbst bei. (Was häufig dazu führt, dass die Eltern bezichtigt werden, ihr Kind zu „trainieren" und geistig viel zu sehr zu fordern.)

Die Erfahrungen mit früher (besser: „passender") Einschulung sind fast durchweg positiv.

Hat sich das Kind bereits in seiner Kita-Zeit den Lernstoff der ersten Klasse angeeignet, ist es eine gute Möglichkeit, es gleich in die zweite Klasse einzuschulen. Auch hier gibt es positive Erfahrungen.

Eine besondere Möglichkeit (z. B. in NRW) besteht darin, ein Kind im *laufenden Schuljahr* für ein paar Wochen als Gast am Unterricht teilnehmen zu lassen. Kinder, die im letzten Kindergartenjahr sehr von Langeweile und Unlust geplagt sind, müssen dann nicht bis zum Schuljahresbeginn warten. Kommt das Kind in der Schule zurecht, kann es eingeschult werden. Da der Lernstoff im ersten Schuljahr nicht sehr umfangreich ist, kann er von dem begabten Kind schnell nachgearbeitet werden und es wechselt dann mit seiner Klasse im Herbst ins zweite Schuljahr.

Für viele (nicht alle) hochbegabte Kinder ist eine frühe Einschulung der richtige Weg.

II. Mit den Eltern zusammenarbeiten

Für Erzieherinnen ist das Gespräch mit Eltern, deren Kinder vermutlich hochbegabt sind, eine besondere Aufgabe. Oft sind sie selbst unsicher, was für das Kind das Beste sein könnte.
Hilfreich ist hier, genau zu erfragen, wie das Kind sich zu Hause verhält und was es dort gern tut. Das vervollständigt das Bild, denn häufiger kommt es vor, dass besonders begabte Kinder sich zu Hause ganz anders verhalten als in der Kita.
Gemeinsam mit den Eltern kann dann überlegt werden, was zu tun ist und wo ggf. noch Beratung eingeholt werden kann.

Öffnende Fragen für das Elterngespräch

Was / womit spielt Ihr Kind zu Hause zurzeit am liebsten?
Geht Ihr Kind jeden Morgen (oder fast jeden Morgen) gerne in den Kindergarten?
Wie lange kann Ihr Kind sich konzentrieren, wenn es mit Eifer bei einer Sache ist?
Zu welchem Thema hat Ihr Kind zurzeit besonders viele Fragen?
Haben Sie Fragen an uns?

Dies ist ein kleiner Auszug aus dem Fragebogen für Eltern bei
www.ihvo.de/handbuch unter *„5.2. Fragebögen für Eltern“*
Der Fragebogen kann gut als Gesprächsvorlage genutzt werden.

- Wie geht es den Eltern hochbegabter Kinder?

Den Eltern hochbegabter Kinder geht es oft nicht gut. Das Anderssein ihrer Kinder verunsichert sie sehr. Manche bitten in der Beratung förmlich darum, dass man ihnen sagt, ihr Kind sei normal und keineswegs besonders begabt.
Oft fühlen sich die Eltern erschöpft, weil sie fast pausenlos mit den Fragen und dem Wissensdurst der Kinder konfrontiert sind.
Und nicht zuletzt sind sie ein Stück weit einsam. Sprechen sie über die Fähigkeiten ihres Kindes, werden sie schnell als eingebildet betrachtet und haben mit dem Neid anderer Eltern zu kämpfen, deren gleichaltrige Kinder noch nicht so weit entwickelt sind. Oder sie werden bezichtigt, ihr Kind unbarmherzig zu trainieren. Diese Eltern möchten gern aus ihrer Sonderrolle – die auch sie als Eltern eines hochbegabten Kindes einnehmen – heraus und lieber ganz „normale Eltern“ sein. Mit wem können sie sich regelmäßig über ihr Kind austauschen?
Da Begabung zu einem Teil genetisch bedingt ist, sind auch die Eltern oft begabt, aber nicht unbedingt hochbegabt.

- Was die Eltern brauchen

  - Fachlich qualifizierte Information kann den Eltern sehr helfen – was ist normal bei einem besonders begabten Kind, worauf sollen sie achten? Wo können sie noch Beratung erhalten? Wie können sie ihr Kind unterstützen?
  - Sie brauchen Ermutigung, sich dieser besonderen Situation zu stellen, die über die ganze Laufbahn des Kindes immer wieder erhebliche Anforderungen an sie stellen wird.
  - Die Eltern sind auch dankbar für Ideen und Anregungen, wie ein Kind mit diesen Interessen sinnvoll beschäftigt werden kann.

Die Eltern sollen wissen, dass sie nicht fürchten müssen, ihre Kinder zu überfordern, solange alle ihre Angebote für das Kind freiwillig bleiben. Sie können ausprobieren, welches Anforderungsniveau das Passende ist. Ist es zu hoch, werden sich die Kinder einfach abwenden und etwas anderes tun. Passt es, wird das gleich erkennbar an dem freudigen Eifer, mit dem die Kinder sich der Aufgabe widmen.
Auch ist das Bedürfnis der Kinder nach Förderung nicht jeden Tag gleich groß. Manchmal scheinen sie unersättlich, dann wieder beschäftigen sie sich selbst und fragen nicht nach Anregung.
Eltern können auch Angebote anderer nutzen, z.B. Musikschule, Schachclub, Bibliothek, Museen... Vielleicht gibt es in der Nachbarschaft Erwachsene, die eine interessante Fremdsprache beherrschen und Lust haben, dem Kind die Grundbegriffe beizubringen. (Allerdings sollte das nicht Englisch sein, denn das lernt es noch zur Genüge in der Schule.)
Eltern (und Erzieherinnen!) sollten die Kinder nicht bremsen, wenn sie vor der Schule lesen und rechnen lernen möchten. – In der Schule können die Lehrkräfte von Anfang an ein differenziertes Angebot machen, sodass die Kinder sich nicht langweilen müssen.

3 Das Thema Hochbegabung im Kita-Team

Jedes Thema scheint seine bestimmte Zeit zu haben. So fiel eine ganze Zeit lang der Blick eher auf die Defizite als auf die Stärken der Kinder.
Im Rahmen von Inklusion besteht jetzt eine gute Gelegenheit, die hochbegabten Kinder mit in den Blick zu nehmen. Denn Inklusion bedeutet, niemanden außen vor zu lassen. Doch gelingt das?

- Voraussetzungen

Grundsätzlich muss eine gewisse Bereitschaft und Sensibilität im Kollegenkreis vorhanden sein, um sich unvoreingenommen mit Hochbegabung auseinandersetzen zu können.
Oftmals müssen auch Vorurteile abgebaut werden, denn die Skepsis ist so manches Mal groß. Häufig hört man, die Kinder seien ja nur „dressiert“ worden. Oder es heißt: Es gebe so viel Förderbedarf bei den Kindern mit Entwicklungsdefiziten, bei besonders begabten Kindern sei das nicht so dringend.

Hilfreich ist hier die gemeinsame Orientierung an den Stärken der Kinder. Gerade über das Fördern der Stärken fördert man sie zugleich in ihrer gesamten Entwicklung!
Das ist etwas, worauf man den Fokus bei allen Kindern lenken sollte. Und wenn sie selber ihre Stärken kennen und auch einsetzen, bereichert das den Kindergartenalltag ungemein. Die Unterstützung und der Zusammenhalt sind in so einer Kita-Gruppe oftmals besser.

- Das Thema einbringen

Um für das Thema Hochbegabung auf Gehör im Kita-Team zu treffen, braucht es auch manchmal einfach einen bestimmten Auslöser.

Der kann z.B. sein, dass eine Kollegin zum Thema „Besondere Begabungen bei Kindern“ eine Fortbildung besucht hat und im Gesamtteam darüber berichtet. Oder eine Kollegin berichtet über ein Kind, das ihr durch seine ungewöhnlichen Fähigkeiten auffällt. Gemeinsam kann geschaut werden, wie man dieses Kind unterstützen und fördern kann oder auch, wie man so ein Gespräch mit den Eltern angehen kann. Das sind eigentlich die naheliegendsten Momente, um in das Thema Hochbegabung einzusteigen.

Eine weitere Möglichkeit, in der eigenen Kita für das Thema Hochbegabung zu sensibilisieren, ist es, nicht gleich das ganze Team, sondern zunächst nur eine oder mehrere Kolleginnen anzusprechen, und so vielleicht Mitstreiterinnen zu gewinnen.
Vielleicht kann auch die Kita-Leitung überzeugt werden, dem Team eine kurze Fortbildung zu dem Thema anzubieten.

Wichtig ist hierbei auch, dem Team zu vermitteln, dass man vor besonders begabten Kindern keine „Angst“ haben muss.

HOCHBEGABTE KINDER im Kindergarten – Bestell-Nr. 12 108

Es ist nicht schlimm, wenn wir nicht jede ihrer Fragen beantworten können. Aber wichtig ist, dass wir die Fragen und Überlegungen ernst nehmen und uns damit befassen. Wenn wir als Erwachsene die Antwort nicht kennen, können wir das ruhig zugeben. Es macht uns „menschlich". Trotzdem können wir nach einer Antwort suchen, indem wir am besten gemeinsam mit dem Kind nachforschen. Entweder fragen wir jemand anderen, schauen in Büchern nach oder recherchieren im Internet. Sollten wir dann immer noch keine Lösung wissen, so merkt das Kind aber wenigstens, dass wir uns darum gekümmert haben.
Wir haben ihm dadurch Wertschätzung und Zeit entgegengebracht. Und das wissen die Kinder auf jeden Fall zu schätzen!

Auch als Erzieherin profitiert man persönlich davon, wenn man über besondere Begabungen/Hochbegabung bei Kindern informiert ist. Es schärft den Blick auf alle Kinder und man kann so manchem Kind gerechter werden. Nicht zuletzt macht es Freude, ungewöhnliche Ideen aufzugreifen und dabei selbst Dinge auszuprobieren.

Wenn die Erzieherin dem Thema positiv gegenübersteht, eine entwicklungsfördernde Umgebung und komplexe Lernsituationen schafft, wenn sie den Kindern gut zuhört und mit ihnen im Dialog bleibt und ihnen dann noch den Raum und die Möglichkeit gibt, ihre Begabungen auszuleben, dann braucht sich eigentlich kein begabtes Kind mehr zu verstecken oder anzupassen.
Das wiederum erhöht die Zufriedenheit der Kinder ungemein und kann den Alltag im Kindergarten entspannter machen.

4 Weitere Informationen zum Thema

- Internetseiten

www.fachportal-hochbegabung.de (Karg-Stiftung)
Das Fachportal der Karg-Stiftung bietet gut verständliche Grundinformationen zum Thema sowie viele weiterführende Hinweise.
Die Karg-Stiftung unterstützt seit vielen Jahren Kindertagesstätten und Schulen dabei, sich zu Kompetenzzentren für die Förderung besonders begabter Kinder zu entwickeln.

www.dghk.de (Deutsche Gesellschaft für das hochbegabte Kind e.V.)
Die Deutsche Gesellschaft für das hochbegabte Kind bietet Grundinformationen zu Hochbegabung sowie bundesweit Beratung und Kontaktmöglichkeiten an. Der Verein wendet sich an Eltern und pädagogische Fachkräfte.

www.stiftung-kleine-fuechse.de
Die Stiftung mit Sitz in Wiesbaden hat ein sehr erfolgreiches Fortbildungsmodell für Erzieherinnen und Grundschullehrkräfte entwickelt, das fortlaufend angeboten wird. Sie unterhält außerdem eine eigene begabungspsychologische Beratungsstelle.

⇨ Informationen speziell für die Arbeit in Kindertagesstätten
www.ihvo.de (Institut zur Förderung hochbegabter Vorschulkinder)
Das Institut zur Förderung hochbegabter Vorschulkinder hält in seinem „Online-Handbuch" eine Fülle von Informationen, Praxisbeispielen und erprobten Ideen bereit.

⇨ Informationen über Fach-Angebote in der Nähe
www.bildung-und-begabung/begabungslotse

Im Portal der Stiftung Bildung und Begabung sind umfassende Hinweise zusammengestellt zu: Bildungseinrichtungen, Förderangeboten, Praxisbeispielen, Weiterbildung sowie Medien.

- Verwendete Literatur

- *Franzis Preckel/Miriam Vock: Hochbegabung, Hogrefe Verlag 2013*
- *Herbert Horsch/Götz Müller/Hermann-Josef Spicher: Hoch begabt und trotzdem glücklich, Oberstebrink Verlag, 2. Aufl.2006*
- *Hagen Seibt/Petra Nagel: Praxis der Arbeit mit Hochbegabten, LIT Verlag 2009*

5 Anregungen für die didaktische Umsetzung

Dieser Teil enthält eine Sammlung von methodischen Anregungen, wie ein Zugang zu dem Thema Hochbegabung aufbereitet oder erarbeitet werden kann. Die Anregungen sind chronologisch nach den vorher dargestellten Inhalten geordnet.
Geeignet sind sie sowohl für den Unterricht an Fachschule und Berufskolleg als auch für die berufliche Fortbildung von Erzieherinnen.

- Einordnung in den Lehrplan am Beispiel Nordrhein-Westfalen

Lernfeld:

Lebenswelten und Diversität wahrnehmen, verstehen und Inklusion fördern

Inhalte:

Entwicklungsbesonderheiten bei Kindern: Hochbegabung
Ressourcenorientierte Begleitung von Kindern mit besonderem Förderbedarf

Lernfeld:

Erziehungs- und Bildungspartnerschaften mit Eltern und Bezugspersonen gestalten sowie Übergänge unterstützen

Fertigkeiten:

- Die besonderen Lebenssituationen von Eltern erfassen und diese bei der Wahrnehmung ihrer Erziehungsaufgaben unterstützen
- Übergänge systematisch aufgrund wissenschaftlicher Erkenntnisse und konzeptioneller Vorstellungen gestalten

- Einführung

Offene Frage an die Gruppe:

- Was glauben Sie, was die meisten Leute über Hochbegabte oder hochbegabte Kinder denken? (Brainstorming)
- Äußerungen an der Tafel oder am Flip-Chart festhalten
- Anhand der Äußerungen kurz darstellen, welche Fragen in der Einheit zu Hochbegabung Thema sein werden.

Und was sagen hochbegabte Jugendliche selbst zu ihrer Kita-Zeit?

Junge Frau, 18:
„Es klingt vielleicht komisch – aber ich habe mich eigentlich im Kindergarten immer eher wie die Erwachsenen (die Erzieherinnen) gefühlt. Was die gemacht und geredet haben, fand ich interessant. Was die anderen Kinder gespielt haben, hat mich nicht so interessiert.“

Junger Mann, 18:
„Es war mir ganz früh klar, dass ich mit den anderen Kindern im Kindergarten über viele Dinge, die mich beschäftigt haben, nicht reden konnte. Das hatte gar keinen Zweck.“

Junger Mann, 17:
„Ich bin drei Jahre in den Kindergarten gegangen und habe mich die meiste Zeit gelangweilt. Ich konnte mit den anderen Kindern nicht viel anfangen und die nicht mit mir. So habe ich mein Ding gemacht und die ihrs. Bei den ganzen Bastelarbeiten habe ich nie mitgemacht, außer Laternen, die mussten alle machen.“

Junge Frau, 16:
„Ich fand´s im Kindergarten ganz lustig. Ich hab immer gerne getobt und war viel draußen. Drinnen war es eher langweilig. Ich hatte oft das Gefühl: Ich bin im falschen Film. Aber ich habe mit fünf Jahren zu Hause schon interessante Bücher gelesen, das sollte aber im Kindergarten keiner wissen, auch nicht, dass ich schon ganz gut schreiben konnte. Das wollte ich nicht."

Quelle: http://www.ihvo.de/423/besondere-spiel-und-lernbedurfnisse

Die Äußerungen können verteilt an die Wand gepinnt werden. Alle stehen auf, lesen sie still und werden dann gebeten, kurz ihre Gedanken dazu für sich zu notieren. Daran schließt sich die Information an:

- *Warum brauchen hochbegabte Kinder überhaupt eine besondere Förderung?*
- *Was verstehen wir unter intellektueller Hochbegabung?*
- *Hohe Begabung = hohe Leistung?*

- Hochbegabte Kinder erkennen

Verteilung der intellektuellen Begabung in einem Jahrgang

Die Gruppe schätzt, wie viel Prozent der Kinder eines Jahrgangs wohl hochbegabt und wie viel Prozent durchschnittlich begabt sind. Angeschrieben werden nur jeweils die zutreffenden Prozentzahlen (2,2 % und 68,2 %), dazwischen bzw. links davon bleibt Raum.

Frage: Wie werden die fehlenden Prozente ausgefüllt?

Es entsteht etwa folgendes Bild:

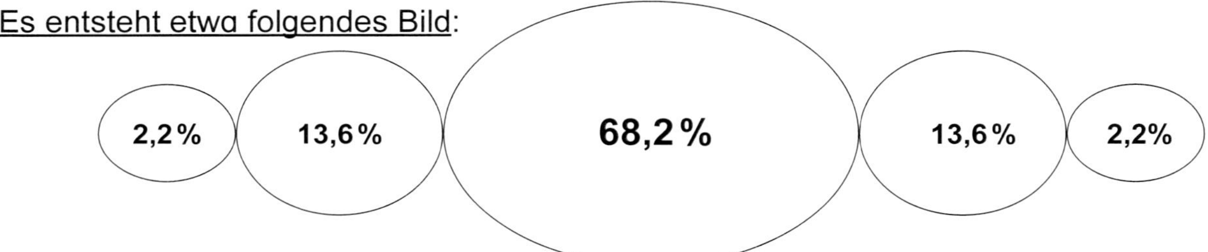

(Die Differenz von 99,8% zu 100% entsteht durch Rundungsverluste.)

Ergänzende Informationen werden gegeben aus
Wie viele hochbegabte Kinder gibt es?

Merkmale, die auf eine hohe Begabung hinweisen können

Die beiden Fallbeispiele werden ausgeteilt, die Hälfte der Gruppe erhält „Sophie", die andere Hälfte „Lukas".
In „Murmelgruppen" von 2-3 Personen überlegen die Teilnehmenden, welche Beschreibungen bei den Fällen auf eine hohe Begabung hinweisen könnten und markieren sie.

Die gefundenen Hinweise werden nach der „Murmelphase" im Plenum zusammengetragen und angeschrieben. Etwa fehlende Eigenschaften werden am Ende ergänzt.

Frage an die Gruppe: Ist Ihnen schon einmal ein Kind begegnet, das hochbegabt sein könnte? Woran haben Sie das festgemacht?

Anschließend werden die weiteren Informationen aus dem Kapitel gegeben.

- *Woran kann man hochbegabte Kinder erkennen?*
- *Wann kann man sicher sein, dass ein Kind hochbegabt ist?*
- *Darf man einem fünfjährigen Kind sagen, dass es hochbegabt ist?*

- Fallbeispiel Lukas

Lukas ist 5 Jahre und 3 Monate alt.

In der Kita macht er oft einen unruhigen Eindruck. Er bleibt nicht lange bei den einzelnen Angeboten, hampelt viel herum und stört auch schon mal die anderen Kinder bei ihren Beschäftigungen.

Manchmal kommt er zur Ruhe und beschäftigt sich sehr lange allein mit einer Konstruktion oder auch mit einer Zeichnung. Dann möchte er nicht angesprochen werden und kann bei Störungen wütend reagieren.

Was er auf seinen Zeichnungen darstellt, ist für die Erzieherinnen kaum erkennbar. Auf Nachfragen sagte er neulich, das seien die Buslinien von Bielefeld.

Er liebt es, wenn etwas vorgelesen wird.

Mit anderen Kindern spielt er nicht oft und wenn, dann meist nur kurz.

Gibt es einen Konflikt unter den Kindern oder wird er von einem Kind angegriffen, wehrt er sich immer mit Worten, schlägt fast nie zurück. Die anderen Kinder sind von seinem Verhalten oft irritiert.

Auf die Erzieherinnen wirkt Lukas neben seiner Unruhe auch häufiger traurig.

Er lebt auf, wenn er eigene Ideen entwickeln kann. Als es kürzlich um eine Gruppenfahrt der Kita ging, fing er an, Pläne für ein großes Fahrrad zu entwickeln, auf dem alle Kinder gemeinsam fahren können.

In letzter Zeit beginnt er, sich für andere Länder zu interessieren. Er weiß bereits, welche Länder alle zu Europa gehören.

Es fällt auf, dass er gern singt und besonderen Spaß an rhythmischen Liedern hat.

Häufiger beteiligt er sich an Arbeiten, die er zusammen mit einer Erzieherin erledigen kann. Dabei erzählt er viel und tut das mit einem auffallend umfassenden Wortschatz.

Vor kurzem sieht er – als er neben der Erzieherin steht – einen Bus an der Kita vorbeifahren. „Das ist die Linie 51“, sagt er zu ihr, „bei uns zu Hause fährt die Linie 102 – das ist dann 2 x 51.“

Im Stuhlkreis stört er seit längerer Zeit regelmäßig. Sobald er ein Lied oder Spiel schon kennt, fängt er an, dazwischenzurufen, hampelt auch herum, manchmal bis er dabei vom Stuhl fällt.

Die Eltern berichten, dass er bis vor ein bis zwei Monaten gern in die Kita gegangen ist. Aber jetzt klagt er immer häufiger morgens über Bauchweh oder Kopfweh. Es ist offensichtlich, dass er lieber zu Hause bleiben möchte.

- Fallbeispiel Sophie

Sophie kommt mit drei Jahren in die Vormittagsgruppe der Kita.

Zunächst verbringt sie ganz viel Zeit damit, die anderen Kinder zu beobachten. Zum Mitspielen kann sie sich nicht entschließen, wird aber auch von den anderen Kindern nicht dazu eingeladen.

Lauten und lebhaften Kindern weicht sie möglichst aus. Wenn viele Kinder rausgehen, bleibt sie drinnen – und umgekehrt.

Sie hält sich viel in der Nähe der Erzieherinnen auf, spricht mit ihnen und hilft ihnen gern bei kleineren Aufgaben.

Nach längerer Zeit findet sie ein älteres Mädchen, mit dem sie ab und zu spielt. Von anderen Kindern wird sie nach wie vor kaum angesprochen und geht auch nicht auf sie zu.

Mit der Gesamtgruppe absolviert sie nur das Pflichtprogramm wie z. B. den Stuhlkreis, danach zieht sie sich schnell wieder zurück.

Draußen schaukelt sie viel und übt gern Balancieren.

Drinnen hat sie das Knetgummi für sich entdeckt und gestaltet damit Figuren, die nicht wirklich erkennbar sind.

Seit einiger Zeit nimmt sie gern die Puzzles für größere Kinder und baut sie mit langanhaltender Konzentration perfekt zusammen.

Sie malt komplizierte Bilder und kann auf Nachfragen viel dazu erzählen.

Dabei fällt ihr umfangreicher Wortschatz auf.

Als sie beginnt, sich sicherer zu fühlen, fängt sie an, mit den Erzieherinnen über Regelungen im Kindergarten zu diskutieren, die ihr nicht einleuchten. Zunehmend wird es für die Erzieherinnen schwierig, ihren gut durchdachten Argumenten etwas entgegenzusetzen.

Manchmal macht sie Erzieherinnen darauf aufmerksam, dass andere Kinder festgelegte Regeln nicht einhalten. Ihr ist es sehr wichtig, dass alle sich an die Regeln halten und sie kann nicht verstehen, dass die Erzieherinnen da manchmal etwas großzügiger sind.

Im Elterngespräch fragen die Erzieherinnen nach Sophies Spielverhalten zu Hause. Sie erfahren, dass sie gern mit ihrer jüngeren Schwester spielt. Und dass sie sich häufiger sehr lange mit einer Sache beschäftigen kann. Sie schaut sich gern Bilderbücher zu Sachthemen an und stellt überhaupt sehr viele Fragen.

Die Eltern berichten, dass Sophie in letzter Zeit oft sehr schlecht gelaunt ist, wenn sie aus der Kita kommt. Sie schimpft und quengelt und braucht lange, bevor sie sich wieder auf etwas konzentrieren kann.

- Förderung

Für die Fallbeispiele Sophie und Lukas erarbeiten die Teilnehmenden in kleinen Gruppen (3-5 Personen) Fördermöglichkeiten.

Fragen für den Arbeitsauftrag:

- Wie komme ich mit dem Kind ins Gespräch?
- Was kann ich dem Kind anbieten und warum eignet sich das gut?
- Welche räumlichen Voraussetzungen wären gut?
- Kann ich auch auf besondere Interessen des Kindes eingehen (z. B. Buslinien ...)?

Die Fördervorschläge werden in der Großgruppe besprochen und ergänzt mit Informationen aus dem Kapitel

Angemessene Förderangebote für hochbegabte Kinder

Anschließend folgt der Auftrag, sich als Hausaufgabe (oder auch am Computerarbeitsplatz in der Schule) mit dem Informationsangebot der empfohlenen Internetseiten vertraut zu machen. (Dies kann auch wieder arbeitsteilig erfolgen und danach zusammengetragen werden.)

- Einschulung

Noch einmal das Fallbeispiel Lukas:
Nehmen wir an, dass Lukas im Juni des Jahres 5,3 Jahre alt ist. Was spricht dafür, was dagegen, ihn im kommenden Herbst mit 5,5 Jahren einzuschulen?
Es bilden sich eine Pro- und eine Kontragruppe, die zunächst Argumente für sich sammeln und dann „gegeneinander antreten".

Die Ergebnisse werden durch die Informationen aus den Kapiteln ergänzt

Die soziale und emotionale Entwicklung
Passender Zeitpunkt für die Einschulung

- Das Gespräch mit den Eltern

Vorbereitung auf das Gespräch

Frage an die gesamte Gruppe:

- Was glauben Sie, wie sich eine Erzieherin vor dem Gespräch mit Eltern fühlt, denen Sie deutlich machen möchte, dass deren Kind hochbegabt sein könnte?

  Vielleicht wird sie sich unsicher fühlen, da sie den Eltern auch nicht genau sagen kann, was jetzt zu tun ist.

  Vielleicht hat sie auch den Wunsch, die Eltern möglichst gut zu beraten.

  Welche Gefühle kann sie noch haben?

- Wie kann sie sich auf das Gespräch vorbereiten?
  - Sie kann sich vorab mit Kolleginnen besprechen,
  - ... sich bei der Fachberatung erkundigen,
  - ... sich im Internet informieren.
  - Sie kann sich deutlich machen, dass sie nicht ganz genau wissen muss, wie es jetzt mit dem Kind weitergehen kann. Sie kann sich vornehmen, das gemeinsam mit den Eltern herauszufinden und zu erproben.

Es folgt die Information aus dem Abschnitt

Was die Eltern brauchen

Das Gespräch

Die folgenden Äußerungen werden je auf ein Kärtchen geschrieben. Jede Kleingruppe (2-3 Personen) kann ein Kärtchen ziehen und berät, wie auf die jeweilige Elternäußerung sinnvoll eingegangen und geantwortet werden kann. Reicht die Zeit nicht dafür, alle Äußerungen zu bearbeiten, können auch nur einige davon ausgewählt werden.

Die Arbeitsfragen lauten:

- Wie können Sie auf die Äußerung eingehen?
- Und wie kann das Gespräch dann sinnvoll weitergeführt werden?

Eltern-Äußerungen	Ideen für mögliche Antworten und Weiterführungen des Gesprächs
Sie müssen doch wissen, wie man so ein Kind richtig fördert!	Dafür gibt es leider keine Patentrezepte. Wir müssen auch in der Kita ausprobieren, was für Ihr Kind als Angebot gut passt. Sie können auch dabei helfen, indem Sie ihm zu Hause verschiedene Angebote machen und uns mitteilen, was ihm besonderen Spaß macht.

Eltern-Äußerungen	Ideen für mögliche Antworten und Weiterführungen des Gesprächs
Mir ist das auch schon länger aufgefallen, dass sie lesen kann. Aber mit wem soll ich darüber sprechen? Das sieht ja so aus, als würde ich mein Kind ständig trainieren.	Zunächst mal ist es toll, dass sie es sich selbst beigebracht hat. Es zeigt, dass sie geistig bereits weit entwickelt ist. Es ist gut, auf alle ihre Fragen auch weiterhin einzugehen. Andere Eltern sind als Gesprächspartner hier vielleicht nicht so hilfreich. Bitte sprechen Sie uns an, wenn Sie Fragen haben, z.B. auch zur Einschulung.
Ich bin manchmal richtig überfordert, weiß gar nicht, was ich ihm zu Hause noch anbieten soll.	Sie können sich bei uns gern geeignete Materialien und Bücher ansehen. Vielleicht gibt es aber auch noch Angebote in Ihrer Umgebung, die Sie nutzen können? (siehe Kapitel „Fördern" und „Elterngespräch")
Sie sind doch die Fachpädagogin, sagen Sie mir, ob wir das Kind jetzt schon einschulen sollen.	Leider gibt es dafür keine pädagogische Regel, die wir einfach nur anwenden müssen. Wir überlegen am besten gemeinsam – auch mit dem schulpsychologischen Dienst – wann eine Einschulung für Ihr Kind passend ist. Auch mitten im Schuljahr gibt es dazu noch Möglichkeiten.
Meine Tochter fühlt sich in der Kita nicht mehr wohl. Sie versucht ständig, zu Hause zu bleiben.	Lassen Sie uns gemeinsam überlegen, woran das liegen könnte. Können Sie mir genauer sagen, was ihr in der Kita nicht gefällt? Wenn sie sich nicht so deutlich äußert, kann es helfen, nach ihren Gefühlen zu fragen: Was hat dich heute gefreut, was hat dich heute geärgert? Wir können hier in der Kita ein Einzelgespräch mit ihr führen und sehen, dass wir ihre Interessen genauer erfahren und auch hören, was sie nicht gern tut.

Anregungen für die didaktische Umsetzung

Eltern-Äußerungen	Ideen für mögliche Antworten und Weiterführungen des Gesprächs
Mein Sohn hat mir gesagt, dass die anderen Kinder ihn nicht mögen. Können Sie nicht dafür sorgen, dass mein Kind mehr mit anderen Kindern spielt und Freunde findet?	Uns ist auch aufgefallen, dass er in der Gruppe sehr viel allein bleibt. Wir können – Sie zu Hause und wir hier – genau nachfragen, was ihn interessiert und ihn gezielt mit anderen Kindern zusammenbringen, die dasselbe Interesse haben. Das können auch Kinder aus anderen Gruppen sein.
Wo kann mein Kind denn einmal andere besonders begabte Kinder treffen?	Das ist eine gute Idee, solche Treffen gezielt anzugehen. Wir können hier in der Kita schauen, welche Kinder aus anderen Gruppen auch so interessiert sind und für sie einmal ein besonderes Projekt anbieten. Schauen Sie doch auch einmal im Internet bei der DGhK nach, dort gibt es häufiger Angebote.
Ich finde, unser Kind ist ganz normal. In seinem Alter war ich genauso.	Aus Ihrer Sicht ist das sicher richtig – im Vergleich mit gleichaltrigen Kindern wird allerdings deutlich, dass Ihr Kind in der geistigen Entwicklung weit voraus ist. Womit beschäftigt sich Ihr Kind denn zu Hause gern?
Soll ich das Kind jetzt testen lassen?	Die Entscheidung liegt bei Ihnen. Solange das Kind zufrieden ist und keine konkrete Frage bezüglich der Begabung geklärt werden muss, ist ein Test nicht erforderlich. Bei der Frage nach dem Einschulungs-Zeitpunkt kann er eine Hilfe sein. Zu bedenken ist, dass der Test in der Regel privat bezahlt werden muss.
Ich kann doch meinem Kind nicht sagen, dass es hochbegabt ist!	Den Begriff „hochbegabt“ würde ich dem Kind gegenüber nicht erwähnen. Es muss aber wissen, dass es sich von anderen Kindern unterscheidet, weil es schneller denkt und leichter lernt. Nur so kann das Kind verstehen, dass viele Gleichaltrige seine Interessen nicht teilen und kann das Selbstbewusstsein gewinnen, dass es „in Ordnung“ ist.

Die gefundenen Antworten und Informationen werden ergänzt durch möglicherweise noch fehlende Informationen aus dem Kapitel

Mit den Eltern zusammenarbeiten

Das Thema Hochbegabung im Kita-Team

Die Gruppe denkt dazu noch einmal zurück an ihre erste Sammlung, was die meisten Menschen wohl über hochbegabte Kinder denken.

Sehen die meisten Erzieher und Erzieherinnen das wohl auch so?

In Vierer-Gruppen überlegen die Teilnehmenden, wie sie das Thema in ein Kita-Team einbringen könnten.
Sie zeichnen ihre Ideen auf einer Wandzeitung auf. Darunter sammeln sie Argumente und Möglichkeiten, wie sie auf Widerstände im Team reagieren könnten.

Im abschließenden Gespräch soll deutlich werden, dass die ganze Kita von einer Stärkenförderung der Kinder profitiert. Wenn nötig können Informationen ergänzt werden aus dem Kapitel

Das Thema Hochbegabung im Kita-Team

- Weitere Informationen

Als Hausaufgabe oder (auch arbeitsteilig) im Computerraum der Schule:

- Welche Seite würden Sie Kollegen und Kolleginnen empfehlen?
- Welche Seite würden Sie Eltern empfehlen?
- Welche gefällt Ihnen am besten? Und warum?

KOHL VERLAG HOCHBEGABTE KINDER im Kindergarten – Bestell-Nr. 12 108

Bildquellenverzeichnis

Seite 6: © Pawel Losevsky - AdobeStock.com
Seite 7: © S.Kobold - AdobeStock.com
Seite 8: © Andrey Kuzmin - AdobeStock.com
Seite 10: © lagom - AdobeStock.com
Seite 13: © Tyler Olson - AdobeStock.com
Seite 14: © Syda Productions - AdobeStock.com
Seite 15: © mbt_studio - AdobeStock.com
Seite 16: © urza - AdobeStock.com
Seite 18: © WavebreakMediaMicro - AdobeStock.com
Seite 19: © elena_hramowa - AdobeStock.com, © wckiw - AdobeStock.com
Seite 20: © Tyler Olson - AdobeStock.com
Seite 21: © cantor pannatto - AdobeStock.com
Seite 22: © fotofabrika - AdobeStock.com
Seite 24: © puhimec - AdobeStock.com
Seite 25: © LuckyImages - AdobeStock.com
Seite 26: © fizkes - AdobeStock.com
Seite 27: © goodluz - AdobeStock.com
Seite 28: © Andrey_Arkusha - AdobeStock.com
Seite 29: © Photographee.eu - AdobeStock.com
Seite 35: © Mathias Stolt - AdobeStock.com
Seite 36: © Zlatan Durakovic - AdobeStock.com
Seite 39: © valiza14 - AdobeStock.com